LA TORTUGA FLO

La Tortuga FLO

Juan Diego Conchillo Sánchez

Círculo Rojo
EDITORIAL

Primera edición: enero 2024

Depósito legal: AL 3709-2023

ISBN: 978-84-1061-058-3

Impresión y encuadernación: Editorial Círculo Rojo

© Del texto: Juan Diego Conchillo Sánchez
© Maquetación y diseño: Equipo de Editorial Círculo Rojo
© Ilustraciones del interior: Ana Tejedor

Editorial Círculo Rojo
www.editorialcirculorojo.com
info@editorialcirculorojo.com

Impreso en España — Printed in Spain

AGRADECIMIENTOS:

Por y para mis padres, trabajadores y luchadores para que su hijo no tuviese carencias, por ser mi ejemplo a seguir. A toda mi familia por apoyarme en todo.

Mil gracias, Ainhoa, por estar respaldándome y apoyándome en todas mis aventuras.

Enormemente agradecido por la canción compuesta para este cuento por mi gran amigo Juan Rafael Muñoz Muñoz.

EN EL FONDO DEL MAR HABITABA UNA TORTUGA LLAMADA FLO, QUE ERA MUY DIVERTIDA Y AVENTURERA.

FLO TENÍA UN CAPARAZÓN MUY VERDE Y GRANDE, PERO LO QUE MÁS DESTACABA DE ELLA ERAN SUS OJOS AMARILLOS, LO QUE LA HACÍA DIFERENTE AL RESTO DE LAS TORTUGAS. POR ESO FLO SIEMPRE SE PINTABA LAS UÑAS DE COLOR AMARILLO, PARA ASÍ LLEVARLAS A JUEGO. LE GUSTABA IR MUY COQUETA.

A LA TORTUGA FLO LE GUSTABA RECORRER TODOS LOS MARES DEL MUNDO, POR LO QUE SIEMPRE IBA DESCUBRIENDO NUEVOS LUGARES DE DEBAJO DEL MAR.

EN UNO DE SUS VIAJES POR EL MAR MEDITERRÁNEO, DECIDIÓ VISITAR LAS PROFUNDIDADES DE LAS PLAYAS DE ESPAÑA PARA CONOCER A OTRAS TORTUGAS.

LLEGANDO, SE ENCONTRÓ CON UNA TORTUGA QUE LE PREGUNTÓ: «¿HOLA, QUE HACES TÚ AQUÍ?». A LO QUE CONTESTÓ FLO: «VENGO A VISITAR EL MAR MEDITERRÁNEO PORQUE ME GUSTA CONOCER NUEVOS LUGARES DEL MUNDO».

LA OTRA TORTUGA SE QUEDÓ CALLADA Y, MIRANDO A FLO CON CARA DESAFIANTE, LE DIJO: «ME PARECE A MÍ QUE NO VAS A HACER AMIGOS, ASÍ QUE ANDA CON CUIDADO», MIENTRAS SE MARCHABA NADANDO.

FLO NO ENTENDÍA POR QUÉ LE DIJO ESO, POR LO QUE SIGUIÓ NADANDO, VIENDO TODAS LAS PLANTAS DEL MAR, DIFERENTES PECES Y DISFRUTANDO DEL PAISAJE, QUE NUNCA ANTES HABÍA VISTO.

MIENTRAS DISFRUTABA DE SU VISITA, FLO VIO A LO LEJOS A CINCO TORTUGAS, PERO SE ACORDÓ DE QUE A LO MEJOR NO CAERÍA BIEN Y DECIDIÓ PASAR DE LARGO.

ESTAS TORTUGAS VIERON A FLO, Y UNA DE ELLAS DIJO: «¡OYE, OYE...!, ¿DÓNDE VAS TÚ TAN RÁPIDO?». FLO, TEMBLANDO Y NERVIOSA, DIJO: «VENGO A VISITAR VUESTRO MAR», MIENTRAS VEÍA QUE SE ACERCABA UNA TORTUGA MUY GRANDE, CON UN CAPARAZÓN MARRÓN Y UNOS OJOS MUY NEGROS.

ESTA TORTUGA ERA TAN GRANDE QUE CON ABRIR LA BOCA PODÍA COMERSE A FLO, Y APARENTABA SER FANFARRONA. LE DIJO: «¿NO TE DAS CUENTA DE QUE AQUÍ NO VAS A SER BIENVENIDA, PORQUE ERES DE COLOR VERDE Y NOSOTROS MARRÓN? EN NUESTRO MAR NO QUEREMOS QUE ENTREN TORTUGAS COMO TÚ PORQUE NO SOIS IGUALES QUE NOSOTROS, ASÍ QUE YA ESTÁS NADANDO PARA IRTE A TU MAR, SI NO QUIERES QUE TE ECHEMOS NOSOTROS». LAS DEMÁS TORTUGAS, QUE SE ENCONTRABAN ALREDEDOR DE FLO, DIJERON: «ESO, ESO». MIENTRAS SE REÍAN DE ELLA.

FLO, AL VER QUE HABÍA MUCHAS TORTUGAS DICIÉNDO
LE COSAS FEAS, DECIDIÓ ARMARSE DE VALOR PARA NO
LLORAR Y RESPONDERLE A LA TORTUGA GIGANTE Y A
SUS AMIGOS: «CLARO QUE SOY IGUAL QUE VOSOTROS,
NO SÉ POR QUÉ OS ESTÁIS RIENDO DE MÍ».

EN ESE MOMENTO SE ESCUCHÓ DETRÁS DE ELLA: «PERO SI TIENES LOS OJOS AMARILLOS, LLEVAS LAS UÑAS PINTADAS, TU CAPARAZÓN ES VERDE, ASÍ QUE, DIME, ¿EN QUÉ NOS PARECEMOS?».

SEGUÍAN RIÉNDOSE AÚN MÁS ESTAS TORTUGAS, Y FLO ESTABA A PUNTO DE LLORAR Y SALIR NADANDO VELOZMENTE PARA QUE NO SIGUIERAN RIÉNDOSE, PERO GRITÓ: «SOMOS LA MISMA ESPECIE, RESPIRAMOS DE LA MISMA MANERA Y TENEMOS UN CAPARAZÓN QUE, INDEPENDIENTEMENTE DEL COLOR, ES EL MISMO Y A TODOS NOS SIRVE DE REFUGIO».

DE REPENTE SE HIZO EL SILENCIO, DEJARON TODAS DE REÍRSE Y SE QUEDARON MIRANDO, SORPRENDIDAS, A LA PEQUEÑA FLO, QUE PREGUNTÓ: «¿DIME AHORA TÚ SI SOMOS TAN DIFERENTES COMO PENSABAS? ADEMÁS, NOS PODEMOS COMPLEMENTAR MUY BIEN, PORQUE YO OS PUEDO ENSEÑAR COSAS QUE NO SABÉIS Y VOSOTROS ME PODÉIS ENSEÑAR A MÍ».

LA TORTUGA GIGANTE, EMOCIONADA, GRITÓ: «LLEVAS RAZÓN, SOMOS IGUALES. EL CAPARAZÓN SOLO SIRVE PARA SABER DÓNDE HABITAMOS»;

Y, CORRIENDO, LE DIO UN ABRAZO. TODOS, AL VER QUE ESTABA ABRAZANDO A FLO, DECIDIERON HACERLO MISMO.

INVITARON A SENTARSE EN UNA ROCA DEL MAR A FLO, PARA ASÍ SE GUIR CHARLANDO Y DIVIRTIÉNDOSE JUNTOS. FLO ESTABA MUY FELIZ DE VER QUE HABÍA CONOCIDO A NUEVOS AMIGOS SIN IMPORTAR EL LUGAR O COLOR QUE TENGAN.

TODOS JUNTOS IBAN ENSEÑÁNDOLE EL FONDO MARINO EN
EL QUE HABITABAN, NADANDO POR TODOS LOS RINCONES
DEL MAR MEDITERRÁNEO.

CANCIÓN: «LA TORTUGA FLO»,
COMPUESTA POR JUAN RAFAEL
MUÑOZ MUÑOZ.

BUSCAR EN YOUTUBE: JUAN RAFAEL
MUÑOZ MUÑOZ, LA TORTUGA FLO